西子漫画　著

原来,孩子情绪稳定是被**爱**出来的

人民邮电出版社

北京

图书在版编目（CIP）数据

原来，孩子情绪稳定是被爱出来的 / 西子漫画著.
北京 ： 人民邮电出版社，2025. -- ISBN 978-7-115
-67099-1

Ⅰ. G782-49

中国国家版本馆 CIP 数据核字第 20250K14C0 号

内 容 提 要

  每个人都需要一个情绪释放的出口，作为妈妈，也要释放育儿焦虑。希望看过这本书的你，养好孩子的同时，也能把自己好好养一遍。

  本书是一本漫画故事书，将父母关心的亲子关系、孩子情商的培养、品格的养成，以及婚姻关系等，通过生活中一件件小事诠释出来。这些漫画故事治愈又有趣，有着温暖、有力、直击人心的话语，也蕴藏着深刻的道理和智慧。本书会让你轻松学到温和而坚定的育儿思路，读懂孩子最直接最纯粹的爱，也会唤起你对生活的热爱。

  本书适合重视育儿的准爸准妈、新手爸妈、育儿从业者和对育儿漫画感兴趣的人士阅读。

◆ 著　　　　西子漫画
　责任编辑　刘　姿
　责任印制　彭志环

◆ 人民邮电出版社出版发行　　北京市丰台区成寿寺路 11 号
　邮编　100164　　电子邮件　315@ptpress.com.cn
　网址　https://www.ptpress.com.cn
　北京九天鸿程印刷有限责任公司印刷

◆ 开本：787×1092　1/32
　印张：6.25　　　　　　　　2025 年 7 月第 1 版
　字数：135 千字　　　　　　2025 年 11 月北京第 3 次印刷

定价：59.80 元

读者服务热线：(010)81055296　印装质量热线：(010)81055316
反盗版热线：(010)81055315

目录

孩子的好品格，奠定了他一辈子的幸福

合适的婚姻才是幸福的开始

养育孩子的过程，
其实就是在养育
你自己

原来，孩子情绪稳定是
被爱出来的

那天他吵着要买糖吃

妈妈我还要吃！

我同情又很坚决地告诉他

你可以哭，但这个糖
是坚决不能再吃了！

他哭得更剧烈，嘴里还说

当时我的"脑回路"差点就"短路"了

打住！千万别被孩子的话误导，他只是情绪上来了不知如何处理

我应接纳他的情绪，顺着他的想法演下去

慢慢地，他从之前的情绪中走出来了

有时候伤害我们的并不是孩子的话，
而是我们自己可怕的情绪上头

趁他平静的时候，我和他谈心

哭和语言都是情绪表达的工具，情绪被看见、被理解，孩子才能做真实的自己

后来有一天，他在商店看到喜欢的玩具

他竟然没说要买，而是坐在那玩了很久

我们来到超市买了他爱吃的橙子

他小心翼翼地剥开，还不忘给我们

情绪稳定是被爱出来的

我们爱孩子的样子，
正是孩子爱我们的样子

西妈说:

　　当孩子一得不到满足就发脾气、撂狠话时,我们千万不要被孩子的话误导哦,因为对于年幼的孩子来说,他只是情绪上来了不知如何处理。

　　这时候,我们也不要对他发脾气、讲道理,而是要接纳他的情绪,然后顺着他的想法演下去。

　　孩子说:"我不要妈妈,妈妈走开!"

　　妈妈说:"那妈妈是变成毛毛虫爬走,还是变成蝴蝶飞走啊?"

　　孩子说:"变成蝴蝶飞走。"

　　妈妈说:"那我不能飞得太远,不然我想宝宝的时候,就飞不回来了。"

　　在这种有趣的对话中,孩子就会慢慢从刚才的情绪中走出来,哭和语言都是情绪表达的工具,情绪被看见、被理解,孩子才能做真实的自己。

　　等孩子情绪平静下来以后,我们再去和他谈心,让孩子知道,妈妈只是对他的行为有要求,并不是不爱他。真正被爱包围的人,情绪才会稳定,内心才会充满自信和安全感。

孩子远比你想象的更爱你

那天出门，我以为他会像往常一样

又是迟到的一天

没想到，一起床就是这样的

妈妈抱我一会儿就好！

摸着我的脸亲了又亲

妈妈我好爱你啊！

妈妈的怀抱
有满满的安全感

幸福地依偎了很久才肯下来

突然他转身离开

原来，是给我拿包包去了

他小小年纪就为我操碎了心

还特意跑到阳台和我说拜拜

那一刻，我的心都要暖化了

后来听说，我离开后，
他一直在等我回来

听到敲门声，就以为是我回来了

我回来后，他就兴奋地跳起来

然后拿出他最爱的香蕉给我吃

我们总说是我们更爱孩子，
但其实是孩子更爱我们。
成人的世界还有很多其他爱的人和事，
但宝宝的世界只有你啊！

西妈说：

在陪伴孩子长大的过程中，我们会习惯地认为孩子始终是被爱的那个，却不知道孩子一直在用他的方式默默地爱着我们，用爱与温暖滋养着我们的生活。

父母与孩子之间，与其说是我们更爱孩子，不如说是孩子更爱我们。成人的世界还有很多其他爱的人和事，但对年幼的孩子来说，他的世界只有你啊！

黏人就黏人吧，眨眼就长大了

当我想上个厕所

妈妈！

孩子就形影不离地跟着

他只要妈妈

当我想睡觉时

他就像贴身药膏一样贴着

当他想睡觉时

他就换个姿势继续贴着

当我在画画时

他也要大显身手

当我要出门时

那就多抱一会吧！

黏人就黏人吧，
养育本是一场渐行渐远的过程，
等他大了，
就再也不要亲亲，不要抱抱了。
好好享受现在这个满眼都是你的小宝宝吧！

西妈说：

　　很多妈妈跟我一样，经常体验这种被孩子360度黏着的"甜蜜烦恼"。其实孩子喜欢黏着你，是因为你能看见他的情绪，在他害怕的时候给他最温暖的安抚，他把你当作他的"安全基地"，这恰恰说明你把他带得很好，他和你建立起了很好的依恋关系。

　　所以，黏人就黏人吧，养育本是一场渐行渐远的过程，等他大了，就再也不要亲亲，不要抱抱了。好好享受现在这个满眼都是你的小宝宝吧！

悟了，这才是孩子眼里的幸福家庭

那天，妈妈开车要请我们去吃饭，不小心走错路了

我却被爸爸的话暖到了

我们来到了一家比较贵的餐厅，
为了不想他们破费，于是我说

他们却这样回应我

回到家后，爸爸一时随性就乱放鞋子

于是妈妈说

原来，我一直生活在这种
不在小事上内耗，相互理解的家庭里

正是这种充满了活力与爱的家庭氛围，
给了我做任何事的底气

如今我也有了家庭，
我希望把这种爱一直延续下去

让孩子一生都生活在充满能量
和安全感的氛围里

那天，孩子把碗打碎了，我很担心他受伤

没想到他还反过来安慰我

原来，我平时打碎东西，
他爸都是第一时间来关心我

相互包容、相互爱护，
这一切孩子都会看在眼里

幸福的父母是孩子一生的福气

无论何时，当孩子想起父母时，内心总是温暖的，这才是真正的幸福家庭吧！

西妈说：

　　一个家庭最大的福气，不是大富大贵，也不是父母有多深的见识，而是家人之间不在一些小事上去消耗彼此。很庆幸我从小生活在一个相对有松弛感的家庭里，正是这种充满了活力与爱的家庭氛围，给了我做任何事的底气。

　　鞋子乱放而已，相比讲道理，幽默的语言和包容的心态足以化解眼前的矛盾。

　　打碎一个杯子又怎样，相比指责，没有什么比关心与理解更抚慰人心了。

　　一个幸福的家庭，家人之间的相互包容、相互爱护，孩子都会看在眼里，反之亦是。因为，幸福的父母是孩子一生的福气。无论何时，当孩子想起父母时，内心总是温暖的，这才是真正的幸福家庭吧！

养娃路上，放过自己，让他"造"吧

那天，孩子不想吃饭，只想出去玩

一言不合就撒泼，把我气得够呛

不吃饭就算了，午觉也不睡！

还要挑最脏的地方在那摸！爬！乱滚！

我把孩子扔给他爸后，去厕所平复情绪

后来他爸安慰我，
叫我要放轻松，不必太过紧张孩子

我好像被他点醒了，原来我的焦虑
和恐惧都来源于我对孩子的不信任

是我不相信每个人
都能按自己的节奏，把事情做好

于是，我开始放宽心态，
去迎接每一个育儿难点

原来，当我换种方式养娃，
孩子反而比我想象的更好带

不想午睡就不睡吧，大不了带他去"放电"

这样，晚上会睡得比平时更早更沉

想玩就玩吧，脏了洗洗就好啦

相比一个干净而不自在的外表，
孩子的身心健康更重要

孩子成长中最大的幸福，
莫过于有一对不焦虑的父母

不必要求孩子长成我们期待的样子，
而是帮助他长成他想要的样子

西妈说：

　　我们要相信每个人都有能力，能按自己的节奏，把事情做好。育儿路上，当我们放宽心态、换种方式养娃时，孩子反而比我们想象的更好带。

　　不想午睡就不睡吧，大不了带他去放电，这样，晚上会睡得比平时更早更沉。想玩就玩吧，脏了洗洗就好啦，相比一个干净而不自在的外表，孩子的身心健康更重要。孩子成长最大的幸福，莫过于有一对不焦虑的父母，不必要求孩子长成我们期待的样子，而是帮助他长成他想要的样子。

他只是小，并不是傻

那天出门，孩子突然大哭要我抱

说什么都不肯让我离开

这时，家里老人说

什么？都哭成这样还说他骗人？

原来，他们平时会这样

不听话就没人要你！

他只是小，又不是傻

他知道什么是爱，也懂得你对他的好

他敢在你面前放肆地哭，
是因为知道你懂他

孩子的情感是真实而丰富的

他想要的是真实的回应和平等的对待

孩子虽然小，但他什么都懂。
你口中的乖，
可能是他被打压后伪装出来的平静。
多一分真诚，多一分平等，
将来才会得到一个健全而幸福的孩子！

西妈说：

　　孩子虽然小，但他什么都懂，所以，当孩子表现出所谓的"不听话"时，不要再对他说一些恐吓的话了。孩子的情感是真实而丰富的，他知道什么是爱，也懂得你对他的好。孩子敢在你面前放肆地哭，说明你能给他足够的安全感。如果他在你面前表现得冷静、听话，这样的孩子反而让人担心。

　　记住哦，每个孩子都是一个有思想有情绪，会开怀大笑，也会失落哭闹的人，请对他们多一份平等，少一份指责。养育孩子的过程中，何尝不是在养育你自己。

养育高度敏感的孩子，爱比规矩更重要

那天打球回来，他说不想去球场打球了

我婉转地否定了他的想法，并鼓励他勇敢

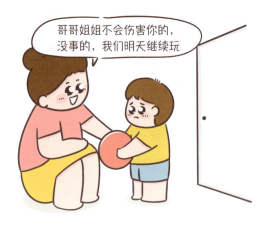

第二天，他硬着头皮去玩

可全程他都在观察人，而不是手上的球

我这才意识到，高度敏感的孩子在未知的
人群中，内心是有多么恐惧和无助

对这样的孩子来说，
也许拥抱脆弱比鼓励勇敢更重要

因为高度敏感的孩子
天生具有很强的秩序感和同理心

如果事情不按常规走，
他会因害怕让人失望而倍感压力

所以养育高度敏感的孩子，无须处处讲规矩

身体力行的支持和理解才会减轻他的压力

将来他还可能
对陌生的事物、陌生的环境有抵触情绪

相比管教和规矩，
他想要的是更多的爱和耐心

如果我们不理解他的脆弱，
逼着他勇敢，结果只会适得其反

真正的接纳和理解才会让他打开心扉

孩子并非生活在无菌真空的环境里，
他的世界也许会有很多嘈杂声

他只希望家里面有一个人能理解他、
支持他，愿意花时间和耐心爱他，这就足够了

西妈说：

　　对于高度敏感的孩子来说，也许拥抱脆弱比鼓励勇敢更重要。因为高度敏感的孩子天生具有很强的秩序感和同理心，如果事情不按常规走，他会因害怕让人失望而倍感压力。所以养育高度敏感的孩子，无须处处讲规矩，身体力行的支持和理解才会减轻他的压力。

　　将来他还可能对陌生的事物、陌生的环境有抵触情绪，相比管教和规矩，他想要的是更多的爱和耐心。如果我们不理解他的脆弱，逼着他勇敢，结果只会适得其反。真正的接纳和理解才会让他打开心扉。

　　孩子并非生活在无菌真空的环境里，他的世界也许会有很多嘈杂声，他只希望家里面有一个人能理解他、支持他，愿意花时间和耐心爱他，这就足够了。

孩子是一个独立
的个体，父母要允许
他有自己的节奏

他不是胆小，他是心里有谱

那天，孩子在商场玩积木

我拼出了火车头耶！

这时，来了两个大姐姐

......

他放下手中的积木，牵着我的手离开

来到他喜欢的地方，自己玩起来

我想他是不是胆子太小，不爱社交

上次见到邻居，他也躲得远远的

可那天我发现，他并不是我们想象中的那样

朋友的生日派对，他唱的比主角还开心

看见认识的小妹妹就会过去亲

原来，孩子并不是胆小，
而是心里有谱，知道远离危险

我的理解和接纳能给他带来勇气和自信

孩子也不是不爱社交，
他只是喜欢先观察再尝试

他会来回地试探，
而身后的爱就是他勇敢前行的光

后来有一天，他在玩耍时遇到小弟弟

很惊喜，他竟然会拿起铲子给对方

所以不要轻易给孩子贴标签，他可能
不知道什么是胆小，他只是对环境敏感

接纳和理解孩子的独特，适当引导和鼓励，
对孩子而言，勇敢和胆小只在一念之间

西妈说：

　　孩子到一个陌生环境，或者见到陌生人，他所表现出来的害羞、不敢说话，并不能说明孩子胆小，这反而是孩子聪明的表现。这样的孩子做事时，考虑得比较周全细致，喜欢先观察再尝试，有很强的自我保护意识。

　　所以，作为父母的我们，不要轻易给孩子贴标签，接纳和理解孩子的独特，才能给他带来勇气和自信。当我们真正和孩子站在一起时，才能重视他的感受，给予适当的引导。对孩子而言，勇敢和胆小只是一念之间。

可怕的不是困难，
而是父母的期待

我们常常会因为孩子的
一次失败事件，看到一场人生的失败

害怕孩子不能按照自己的预期走，
便不停给孩子施加压力

可是孩子要面临的，仅仅是困难本身，
困难是可以一步步被克服的

而父母的期待是无上限的，孩子就像背负了
一个重大的包袱，让他寸步难行

孩子遇到困难时，本身已经承受了
很多来自外界的压力

而作为父母，应该做第一个"挺他"、
无条件地接纳他的人

因为，孩子更想要的是，
在困难面前给他爱和尊重的父母

孩子并不害怕困难，他害怕的是在困难
面前，没有一个给他爱和尊重的人

我们只有努力耕耘自己，才能在孩子遇到
挑战时，有能力和他并肩作战

当孩子知道自己完全被父母爱着，
就会有足够的勇气独立面对各种困难

不要对孩子有太高期待，而是在他遇到
困境时，做他背后最安全的"港湾"

孩子的成长并非在一朝一夕，克服困难
的过程，就是帮助他建立自信心的过程

当我们降低对孩子的期待，
孩子的成长往往能超出我们的预期

孩子会自己认真练球

只要我们懂得提供支持与爱，
世上就少有畏难的孩子

和爸爸一起！

要让孩子知道，他的存在
已经是值得父母骄傲的一件事了

用爱浇灌的孩子，总是会向阳而生的

西妈说：

　　我们常常会因为孩子的一次失败事件，看到一场人生的失败。原本这只是一个很小的困难，但父母的期望被无限放大后，孩子背着包袱往往寸步难行。

　　困难是可以一步步被克服的，而父母的期待是无上限的。孩子遇到困难时，本身已经承受了很多来自外界的压力，而作为父母，应该做第一个"挺他"、无条件地接纳他的人。因为，孩子更想要的是，在困难面前给他爱和尊重的父母。

　　每个孩子的成长进度不一样，当我们降低对孩子的期望，把精力聚焦在解决当下困难上时，孩子的成长往往能超出我们的预期。要让孩子知道，他的存在已经是值得父母骄傲的一件事了，用爱浇灌的孩子，总是会向阳而生的。

原来"闭嘴"才是对孩子最好的保护

那天，孩子想和家人一起摘菜

你不会摘，弄得到处都是，去玩你的玩具！

摘菜！

孩子想帮忙倒水

你注意点，看着脚下，别把水撒了！

孩子的自主能力不仅一次次被否定

专注力还一次次被破坏

反观身边的一些家庭，
孩子无论做什么事，大人都要唠叨

长大后，做什么事都瞻前顾后摇摆不定

可是，成长本身就是一个不断试错的过程

生怕孩子出错而重复唠叨，
才是在干扰孩子的成长

与其瞎操心，不如鼓励孩子勇敢尝试

失败了也很正常，要站在孩子的角度，而不是和他对立

与其怕他闯祸，不如放开手让他去做

并真心地信任和欣赏他

毕竟孩子的人生是靠他自己去经历的，
而父母的温言暖语，
能减少他一半的人生疾苦

西妈说：

对很多孩子来说，最痛苦的事莫过于，无论做什么事，都要被大人唠叨，被担心犯错、做不好。可是，成长本身就是一个不断试错的过程，生怕孩子出错而重复唠叨，才是在干扰孩子的成长。大人唠叨的背后，是对失败的恐惧，但其实，我们只要保持平常心，孩子反而能做得更好。

与其瞎操心，不如鼓励孩子勇敢尝试，失败了也很正常，要站在孩子的角度，而不是和他对立。与其怕他闯祸，不如放开手让他去做，并真心地信任和欣赏他。毕竟孩子的人生是靠他自己去经历的，而父母的温言暖语，能减少他一半的人生疾苦。

分离焦虑不可怕，这样做很有效

前段时间孩子出现了分离焦虑，
我一旦离开，他就开始哭闹不止

三岁前的孩子没有时间和空间的概念，
以为妈妈不在视线范围内，就是消失了

首先我们要理解这个阶段的孩子，
千万不要因为孩子的黏人而去吼他

这样会让孩子失去安全感，
以为妈妈不爱他了，反而会更加黏人

试试这样做，很有效

✅ 和孩子提前约定，告诉孩子妈妈
接下来要去哪里，干什么，多久能回来

我们坚持这么做，就会增加孩子
对我们的信任，他的安全感也会越来越强

☑ 平时多陪孩子玩躲猫猫，这种好玩又有意义的游戏

玩的过程中让孩子知道，妈妈离开了是会回来的

用孩子的语言解释妈妈离开的原因

**有足够安全感的孩子，才有更强的
底气离开妈妈去探索世界**

☑ 分离时允许孩子哭闹，
你越不舍，孩子越以为妈妈不回来了

面带微笑，和孩子简短地告别，
要相信孩子很快就能平静下来

✅ **在孩子准备入园时，给孩子多看相关的视频或者绘本，可以缓解孩子的入园焦虑**

**及时肯定孩子的进步，
增加孩子面对陌生环境的勇气**

✅ 多带孩子出去玩，
能增强孩子正向情绪的表达能力

经常出去玩的孩子，适应能力会变强，
黏人的情况也会变少

西妈说：

孩子出现分离焦虑时，这样做可以有效缓解分离焦虑：

☑ 和孩子提前约定，告诉孩子妈妈接下来要去哪里，干什么，多久能回来。我们坚持这么做，就会增加孩子对我们的信任，他的安全感也会越来越强。

☑ 平时多陪孩子玩躲猫猫这种好玩又有意义的游戏，玩的过程中让孩子知道，妈妈离开了是会回来的。

☑ 提供高质量的陪伴，用孩子的语言解释妈妈离开的原因。有足够安全感的孩子，才有更强的底气离开妈妈去探索世界。

☑ 分离时允许孩子哭闹，你越不舍，孩子越以为妈妈不回来了。面带微笑，和孩子简短地告别，要相信孩子很快就能平静下来。

☑ 在孩子准备入园时，给孩子多看相关的视频或者绘本，可以缓解孩子的入园焦虑。及时肯定孩子的进步，增加孩子面对陌生环境的勇气。

☑ 多带孩子出去玩，能增强孩子正向情绪的表达能力。经常出去玩的孩子，适应能力会变强，黏人的情况也会变少。

相比爱父母，我更希望孩子爱自己

那天，孩子对我说，他被同学嘲笑了

我告诉他，那只是别人的观点，不是事实，要学会爱自己

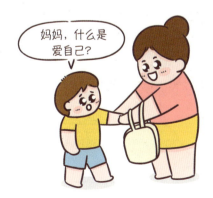

☑ 爱自己，就是相信自己是独一无二的

接纳自己最真实的样子，不卑不亢

☑ 爱自己，就是要保护自己

我们要善良，但也要有锋芒

✅ 爱自己，就是要肯定自己

每个人都有自己的优势，不要怀疑自己

✅ 爱自己，就是可以拒绝分享

不难为自己，也不去伤害别人

☑ 爱自己，就是不怕被拒绝

被拒绝很正常，
他有他的理由，并不是你不好

☑ 爱自己，就是要勇敢面对困难

遇到困难要想办法解决，而不是放弃与逃避

✅ 爱自己，就是成为最好的自己

不受他人影响，
大胆勇敢地过自己想要的人生

西妈说：

　　那天孩子问我："妈妈，什么是爱自己？"

　　☑ 爱自己，就是相信自己是独一无二的，接纳自己最真实的样子，不卑不亢。

　　☑ 爱自己，就是要保护自己，我们要善良，但也要有锋芒。

　　☑ 爱自己，就是要肯定自己，每个人都有自己的优势，不要怀疑自己。

　　☑ 爱自己，就是可以拒绝分享，不难为自己，也不去伤害别人。

　　☑ 爱自己，就是不怕被拒绝，被拒绝很正常，他有他的理由，并不是你不好。

　　☑ 爱自己，就是要勇敢面对困难，遇到困难要想办法解决，而不是放弃与逃避。

　　☑ 爱自己，就是成为最好的自己，不受他人影响，大胆勇敢地过自己想要的人生。

你对孩子说话的方式，
会影响他的一生

那天我下班回到家，
看到了一地的果皮和果屑

我强忍着怒火，
心里想着一定是孩子在捣乱

又在这捣乱了！

108

谁知道他转身就开心地看着我，
拿起剥好的水果对我说

我瞬间就被暖化了，
幸好刚才没发火，否则会后悔不已

反观我们的生活，孩子一犯错，
我们第一时间可能就是批评指责

这很可能会伤了孩子纯真的心，
破坏他内心的安全感

遇事不指责，对孩子真诚地表达爱意真的很重要

> 你是想装水给妈妈喝吗？
> 谢谢你宝宝！

多对孩子说温暖而有力量的话，孩子才会更加安心地探索世界

> 没关系，妈妈知道你不是故意的，接下来我们怎么处理这些水渍呢？

> 我去拿抹布！

请多对孩子说这些话：
✅ "不要怕，爸爸妈妈永远都在"

有安全感的孩子才会有克服困难的勇气

✅ "难过、害怕你可以哭"，
难过和害怕都是一种情绪的表达

孩子的情绪被看见、被理解，
才能更快从情绪中走出来

☑ **"无论你是否优秀，我们都会很爱你"，**
这句话不是无条件地满足孩子

而是一种托底的力量

永远不要低估你的话
对孩子的影响力。
孩子从父母言语中获得的
爱和安全感，
能帮助他更好地面对未来的"急风骤雨"！

西妈说：

　　生活中，孩子一犯错，我们第一时间可能就是批评指责，殊不知，这很可能会伤了孩子纯真的心，破坏他内心的安全感。所以，遇事不指责，对孩子真诚地表达爱意、表达真的很重要，多对孩子说温暖而有力量的话，孩子才会更加安心地探索世界。

　　请多对孩子说这些话：

　　☑ "不要怕，爸爸妈妈永远都在"，有安全感的孩子才会有克服困难的勇气。

　　☑ "难过、害怕你可以哭"，难过和害怕都是一种情绪的表达，孩子的情绪能被看见、被理解，才能更快地从情绪中走出来。

　　☑ "无论你是否优秀，我们都会很爱你"，这句话不是无条件地满足孩子，而是一种托底的力量。

　　永远不要低估你的话对孩子的影响力，孩子从父母言语中获得的爱和安全感，能帮助他更好地面对未来的"急风骤雨"。

孩子的好品格，
奠定了他一辈子
的幸福

爱与规矩并行，才是
真正地爱孩子

有段期间，孩子又出现了分离焦虑

毫不夸张，连上厕所也要哭到我出来为止

被孩子黏着、渴望陪着，
这种爱的强度，有时会让我难以招架

我不在的时候，家人会用动画视频哄他

我知道这时候要给他立规矩了，耐心的教育和引导非常重要

> 宝宝，妈妈不在你身边的时候也是非常爱你的，每天出门前妈妈抱你一分钟，宝宝不哭好吗？

睡前，我和他聊我们之间的约定

> 看视频是可以的，但我们约定好每天只能看两集，两集看完后就要收起来！

> 好！

**第二天，他似乎忘了昨晚的约定，
依然雷打不动地黏着**

于是我抱起他，再一起和他约定

时间到了，这次他主动要求说要下来

得到满足后的他，可以一个人玩好久

允许和接纳孩子前几次的食言，不要低估反复引导和教育的力量

也许，你会被孩子一次次的成长感动

其实孩子很聪明，
他知道我们的约定不只是一些数字

这是用我们的爱和信任积累起来的，
对他而言有特别的意义

孩子的心理成长是一个循序渐进的过程，
坚持用爱引导，保持合理的预期

用爱培养出来的孩子，自然会有遵守约定
的决心，而无须我们无休止地唠叨

西妈说:

　　一个家，既要有温度，又要有规矩。

　　我们在给孩子立规矩的时候，既要坚决，也要有耐心，允许和接纳孩子前几次的食言，不要低估反复引导和教育的力量。也许，你会被孩子一次次的成长感动。其实孩子很聪明，他知道我们的约定不只是一些数字，这是用我们的爱和信任积累起来的，对他而言有特别的意义。

　　孩子的心理成长是一个循序渐进的过程，坚持用爱引导，保持合理的预期，用爱培养出来的孩子，自然会有遵守约定的决心，而无须我们无休止地唠叨。

千万不要低估孩子自主学习的能力

那天，孩子让我教他玩积木

可他却边听边玩他的小车，非常不专心

如果在他学习的时候对他发火，
会让他觉得学习是一件不快乐的事

而且对于年幼的孩子而言，
不能专心的完成一件事情，是很正常的

于是，我放下期待，耐心和他约定

闹钟响后，他竟然真的放下手中的玩具

没想到我的理解和信任，增强了孩子的
自我价值感，间接换来了孩子的自律

所以，要想提高孩子的自律能力，
强化自我价值感就很重要

1 和孩子一起列出每天重要的几个任务，陪着孩子一起完成

每完成一个任务，就及时肯定成果，孩子心中有价值感，才有坚持做下去的动力

2 让孩子自己制订计划，让他相信
生活、学习这些事，自己是能做好的

当孩子有了决定权，
能在小事上掌控，大事上就不会胆怯了

3 父母要做好表率，学会自我管理，千万不要一边要求孩子，一边自己玩手机

孩子最好的榜样就是父母，
父母必须以身作则

激发孩子内驱力，养成独立、自律的习惯，
要从增强孩子的自我价值感开始

当孩子有了时间管理和自我管理的能力，
将来自主学习就是信手拈来的事

西妈说：

　　强化孩子的自我价值感，可以激发孩子学习的内驱力！

　　☑ 和孩子一起列出每天重要的几个任务，陪着孩子一起完成。每完成一个任务，就及时肯定成果，孩子心中有价值感，才有坚持做下去的动力。

　　☑ 让孩子自己制订计划，让他相信生活、学习这些事，自己是能做好的。当孩子有了决定权，能在小事上掌控，大事上就不会胆怯了。

　　☑ 父母要做好表率，学会自我管理，千万不要一边要求孩子，一边自己玩手机，孩子最好的榜样就是父母，父母必须以身作则。

　　☑ 激发孩子内驱力，养成独立、自律的习惯，要从增强孩子的自我价值感开始，当孩子有了时间管理和生活管理的能力，将来自主学习就是信手拈来的事。

有选择权的孩子，才会更独立自信

那天我们带孩子去逛超市

到超市后我们告诉孩子，他可以自由选择物品

孩子直奔他最爱的甜品区

爸爸担心蛀牙就拒绝了，孩子有点失望

接着，他说要买一辆玩具车

因为最近买的玩具车太多，我拒绝了他

这次，他绷不住了，开始大声哭闹

我一边忍住怒火，一边埋怨孩子不懂事

回想起平时，我们总说要给孩子选择权

可实际却在不停地否定孩子，然后变成变相逼孩子服从

想要真正给孩子选择权，试试这样做

✅ 和孩子提前约定，并说到做到

要让孩子为小事做选择，为选择承担责任

✅ **无论大事，还是小事，
都把他当成是一个有思想的小大人**

**孩子感受到了被尊重，
对生活的各种事情才有更强的掌控感**

如果不是原则性问题，
就多让孩子做决定吧！
把选择权交还给孩子，
他们才能更加地独立自信！

西妈说：

回想起平时，我们总说要给孩子选择权，可实际却在不停地否定孩子，最后变成变相逼孩子服从。想要真正给孩子选择权，试试这样做：

☑ 和孩子提前约定，并说到做到，孩子是一个独立的个体，他的生活只能他自己去体验。要让孩子为小事做选择，为选择承担责任。

☑ 无论大事，还是小事，都把他当成是一个有思想的小大人。孩子感受到了被尊重，对生活的各种事情才有更强的掌控感。

如果不是原则性问题，就多让孩子做决定吧！把选择权交还给孩子，他们才能更加地独立自信！

原来，夫妻闲聊是特别好用的育儿法宝

那天，我和孩子爸爸在闲聊，并顺口夸了夸孩子

没想到我们不经意的一句话却被他听进去了

忽然发现，孩子总是在偷听父母说话

直接告诉他的话不一定会听，
偷听来的反而深信不疑

所以，相比和孩子直接讲道理

把道理和规矩融到夫妻闲聊中会更有用

✅ 想让孩子积极吃饭

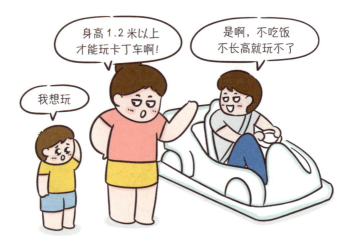

就让孩子知道，好好吃饭才能长高

☑ 想让孩子吃饭时不看电视

就让孩子知道，吃饭不看电视是规矩

✅ 想让孩子多吃青菜

就让孩子知道，多吃青菜对身体好

✅ 想让孩子少吃零食

就让孩子知道，有些零食吃多了
可能会肚子疼

在他还可以"上当"的年纪，
就多用这种方式吧！
有趣的闲聊，
也许可以换来一个积极、
自律的孩子

西妈说:

　　利用孩子喜欢偷听父母聊天，并对偷听来的话深信不疑的天性，我们可以把道理和规矩融到夫妻闲聊中。

　　☑ 想让孩子积极吃饭，就从他想要玩的卡丁车的角度找话题，让孩子知道，好好吃饭才能长高，长高了才能玩卡丁车。

　　☑ 想让孩子吃饭时不看电视，父母要一起配合，让孩子知道，吃饭谁也不能开电视，吃饭不看电视是规矩。

　　☑ 想让孩子多吃青菜，就从孩子切肤之痛的经历中聊起，让孩子知道，多吃青菜上厕所时才不会屁股疼。

　　☑ 想要孩子少吃零食，父母就演出零食吃多后的后果，让孩子知道，有些零食吃多了会肚子疼。

　　在他还可以"上当"的年纪，就多用这种方式吧！有趣的闲聊，真的可以换来一个积极、自律的孩子。

陪孩子阅读吧，你会收获快乐时光

一个爱读书的孩子一定不会差

> 以后多在孩子面前读书，培养他的阅读习惯

孩子出生后，我们就经常给他读绘本

我们会以身作则，给孩子营造读书环境

我们在家的卧室、客厅摆放绘本架，孩子看到绘本就会主动去翻看

在耳濡目染的影响下，
现在他已经习惯了每晚听睡前故事

去书店，会主动挑选自己喜欢的绘本

在朋友家，大家一起看完动画片后

他会静静地坐着，翻看随身携带的绘本

两人看得津津有味

一个真正爱阅读的孩子，他的知识面会很广

他善于观察、比较与分析，这能为智力发展打好基础

他的探索欲也很强，
遇到问题会自己找答案

专注力也不错，大人忙的时候，
给他一本绘本，他可以安静地看很久

发脾气闹情绪时和他聊天，
他很快能平复心情

因为绘本上和他讲过的故事，
他早已记在了心里

孩子在我们怀里看书的时间太短了，
好好珍惜亲子阅读的那几年，
将来你可能会收获一个爱读书的孩子，
以及长久留存在记忆中的快乐时光！

西妈说：

　　一个爱读书的孩子一定不会差。

　　一个真正爱阅读的孩子，他的知识面会很广。他善于观察、比较与分析，这能为智力发展打好基础。他的探索欲也很强，遇到问题会自己找答案。专注力也不错，大人忙的时候，给他一本绘本，他可以安静地看很久。发脾气闹情绪时和他聊天，他很快能平复心情，因为绘本上和他讲过的故事，他早已记在了心里。

　　孩子在我们怀里看书的时间太短了，好好珍惜亲子阅读的那几年，将来你可能会收获一个爱读书的孩子，以及一个快乐的妈妈！

培养孩子的边界感，
比你想象的更重要

那天，朋友带他家孩子来我们家玩，
那孩子一时开心，拿了我家孩子最喜欢的玩具

我家孩子没有拒绝，但他有点不知所措

163

这时，朋友意识到了问题，
她把孩子带到我家孩子面前说

被理解、被尊重的孩子，
竟然主动把玩具让给了对方

这就是边界感清晰的父母
教出来的孩子，自然会更受欢迎

既不委屈自己，也不冒犯别人

如果没给孩子从小建立
边界意识，孩子可能自主性差还"自私"

孩子去到学校、社会，会因为分不清什么是
"自己的"和"别人的"而容易被人孤立

分享一个真实的故事！
朋友说，他家的孩子画画很好

后来，有些不会画画的同学
找她帮忙画画，她都会果断拒绝

一个边界感清晰的孩子，明白什么该做，什么不该做

不干涉他人的行为，也尊重自己的感受

守住自己的边界，要有足够的自我力量，
而这种力量来源于父母给的信任与尊重

而那些边界感缺失，自主性差的孩子，
往往从小受到父母没有边界的"关心"

父母对孩子的越界关心构成的相处模式，
会形成孩子将来与他人相处时的相处模式

会让他成为一个不懂得尊重别人和自己感受
的人，可见培养孩子的边界感非常重要

西妈说：

　　如何培养孩子的边界感？

　　☑ 一个边界感清晰的孩子，明白什么该做，什么不该做，不干涉他人的行为，也尊重自己的感受。

　　☑ 守住自己的边界，要有足够的自我力量，而这种力量来源于父母给的信任与尊重。

　　父母对孩子的越界关心构成的相处模式，会形成孩子将来与他人相处时的相处模式，会让他成为一个不懂得尊重别人和自己感受的人，可见培养孩子的边界感非常重要。

171

合适的婚姻才是
幸福的开始

这应该是结婚的意义吧

最好的婚姻，不是他负责挣钱养家

我负责貌美如花

而是，我想要的恰好是他的优势

他的缺点我恰好都不在乎

我们总有聊不完的天

即使下一秒就睡着

我们相互支持

也彼此照顾

他懂我的不易

我也理解他的辛苦

当我遇到世纪难题

他会说让我来

生活有时是苦了点，
但我们会给它加点糖

每个月有固定的一天是我们的纪念日

生活纵使有万般不如意，
但我们愿意跟这些不如意和解

这大概是结婚的意义吧！

西妈说：

结婚后，虽然我们的重心都转移到了孩子，但属于我们的小日子、小时光依旧没有少，他满心都是我和孩子，他是我和孩子的天，我和孩子是他的归宿。

最好的婚姻，不是他负责挣钱养家，我负责貌美如花，而是，我想要的恰好是他的优势，他的缺点我恰好都不在乎。我们总有聊不完的天，即使下一秒就睡着。我们相互支持，也彼此照顾，他懂我的不易，我也理解他的辛苦。当我遇到世纪难题，他会说让他来。生活有时是苦了点，但我们会给它加点糖。生活纵使有万般不如意，但我们愿意跟这些不如意和解，这大概是结婚的意义吧！

原来，爸爸才是家庭情绪价值的提供者

那天，我们带孩子
去动物园的儿童天地玩

本以为能疯狂地玩一天，
可去到才知道很多设施不开放

于是，爸爸带着孩子去看各种动物

我陪着他们来来回回看了很久很久

由于我在生理期，有点走不动了

他接收到请求后，及时给了回应

来剧场看表演时

我突然想喝冰果汁

现在不能喝冰的，肚子疼你就惨了，喝这个！

原来，他一直是我情绪价值的提供者

他总是懂我需要什么

一个情绪稳定的妈妈，
来源于爸爸对家庭的担当与付出

因为父爱则母静，母静则子安，
子安则家和，家和万事兴！

西妈说：

　　一个情绪稳定的妈妈，来源于爸爸对家庭的担当与付出。在一个家庭里，爸爸有了担当，爱妻子爱孩子，妈妈内心才会平静，内心平静才有情绪的稳定，情绪稳定才能给予孩子满满的安全感和幸福感，因此，爸爸是一个家庭情绪价值的提供者。

　　要让孩子知道，世上最好的家，就是爸爸爱妈妈呀！因为父爱则母静，母静则子安，子安则家和，家和万事兴！

过得好的夫妻，多少都有点"自私"

世上没有完美的夫妻

善良的，往往优柔寡断

无论和谁结婚，都不会完全符合预期

果断的，往往比较绝情

那些过得好的夫妻，
可能并不是他的另一半有多好

而是彼此选择看到对方好的一面

不要想着去改变对方

而要想着如何改变自己，
能让生活过得舒服

因为结婚的意义
是为了实现彼此共同的目标

经营一个幸福美满的小家

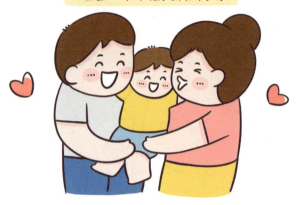

而他的出现刚好可以帮助我达成所愿

妈妈忙，我们出去玩！

只要彼此朝着共同目标努力，
就不要因为小事而互生嫌隙

尊重和理解彼此的私人空间

把注意力放在自我提升上

要相信你是什么人，就会吸引什么人

妈妈又在看书，我们也去看书吧！

婚姻并不是人生的全部，
不要把精力放在鸡毛蒜皮的小事上。
做自己热爱的事，
保持独立和自信，
才能让婚姻关系更加健康和谐！

西妈说：

世上没有完美的夫妻，无论和谁结婚，都不会完全符合预期。那些过得好的夫妻，可能并不是他的另一半有多好，而是彼此选择看到对方好的一面。

不要想着去改变对方，而要想着如何改变自己，能让生活过得舒服。因为结婚的意义是为了实现彼此共同的目标，而他的出现刚好可以帮助我达成所愿。只要彼此朝着共同目标努力，就不要因为小事而互生嫌隙，尊重和理解彼此的私人空间。把注意力放在自我提升上，要相信你是什么人，就会吸引什么人。

婚姻并不是人生的全部，不要把精力放在鸡毛蒜皮的小事上。做自己热爱的事，保持独立和自信，才能让婚姻关系更加健康和谐！